La primera vez

Dormir en otra parte

Melinda Radabaugh

Traducción de Patricia Cano

Heinemann Library

Chicago, Illinois

Customer Service 888-454-2279
Visit our website at www.heinemannlibrary.com

Designed by Sue Emerson, Heinemann Library
Printed and bound in the United States by Lake Book Manufacturing, Inc.

07 06 05 04 03
10 9 8 7 6 5 4 3 2 1

Library of Congress Cataloging-in-Publication Data
Radabaugh, Melinda Beth.
   [Sleeping over. Spanish]
   Dormir en otra parte / Melinda Radabaugh; traducción de Patricia Cano.
      p.cm. -- (La primera vez)
   Includes index.
   Translated from the English.
   Summary: Describes what to expect when going to a friend's house for a sleep over, pointing out that there will be differences in such things as what his or her family eats for dinner.
ISBN 1-4034-0239-6 (HC), 1-4034-0477-1 (Pbk.)
   1. Sleepovers--Juvenile literature. 2. Children's parties--Juvenile literature. [1.Sleepovers. 2. Parties.
3. Spanish language materials.] I. Title. II. Series.
GV1205 .R3318 2002
793.2'1--dc21

2002032719

Acknowledgments
The author and publishers are grateful to the following for permission to reproduce copyright material:
pp. 4, 13B Jack Ballard/Visuals Unlimited; p. 5 Michelle Bridwell/PhotoEdit; pp. 6, 10, 13T, 14, 15, 18, 19, 20, 21, 24 Robert Lifson/Heinemann Library; p. 7 Steve Smith/Taxi/Getty Images; p. 8 Tom & Dee Ann McCarthy/Corbis; p. 9 Mike Brinson/ImageBank/Getty Images; p. 11 Frank Siteman/Stock, Boston Inc./PictureQuest; p. 12 Roger Allyn Lee/SuperStock; p. 16 Fred Wood/Summer Productions; p. 17 Jeff Greenberg/Visuals Unlimited; p. 22 (row 1, L-R) Robert Lifson/ Heinemann Library, PhotoDisc; p. 22 (row 2, L-R) PhotoDisc, Robert Lifson/Heinemann Library; p. 22 (row 3, L-R) Robert Lifson/Heinemann Library, PhotoDisc; p. 23 (col. 1, T-B) Mike Brinson/ImageBank/Getty Images, Steve Mason/PhotoDisc, Fred Wood/Summer Productions; p. 23 (col. 2, T-B) Ryan McVay/PhotoDisc, Robert Lifson/Heinemann Library, Robert Lifson/Heinemann Library; back cover (L-R) Steve Mason/PhotoDisc, Ryan McVay/PhotoDisc

Cover photograph by Jack Ballard/Visuals Unlimited
Photo Research by Amor Montes de Oca

Every effort has been made to contact copyright holders of any material reproduced in this book. Any omissions will be rectified in subsequent printings if notice is given to the publisher.

Special thanks to our bilingual advisory panel for their help in the preparation of this book:

Anita R. Constantino
Literacy Specialist
Irving Independent School District
Irving, TX

Aurora Colón García
Literacy Specialist
Northside Independent School District
San Antonio, TX

Argentina Palacios
Docent
Bronx Zoo
New York, NY

Leah Radinsky
Bilingual Teacher
Inter-American Magnet School
Chicago, IL

Ursula Sexton
Researcher, WestEd
San Ramon, CA

Special thanks to the Anderson and Johnson families for their assistance with the photographs in this book.

Unas palabras están en negrita, **así**.
Las encontrarás en el glosario en fotos de la página 23.

Contenido

¿Qué es dormir en otra parte?

Dormir en otra parte es pasar la noche fuera de casa.

Puede ser cerca o lejos de nuestra casa.

A veces dormimos en otra parte
por gusto.

A veces dormimos en otra parte
con la persona que nos va a cuidar.

¿Dónde podemos dormir?

Podemos dormir en casa de
un amiguito.

Podemos quedarnos en casa de
una tía o un tío, o de los abuelos.

A veces dormimos con la familia
en una **cabaña.**

¿Dónde puede dormir la familia?

A veces toda la familia hace un viaje.

Puede dormir en un **hotel**.

La familia también puede quedarse
en una **casa de playa.**

¿Qué hacemos en otra casa?

Podemos quedarnos despiertos hasta tarde.

Jugamos con nuestros amigos.

Podemos platicar con los abuelos.

Comemos algo rico.

¿Cómo es ir a la casa de un amigo?

La casa de nuestro amigo puede ser distinta a la nuestra.

La comida puede ser diferente.

A veces dormimos en la alcoba
de nuestro amigo.

A veces todos los niños duermen
en la sala o en otra parte.

13

¿Cómo es ir a la casa de los abuelos?

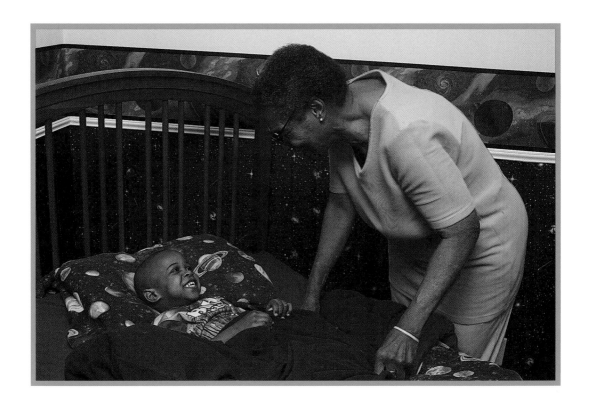

Unos abuelos viven en una casa.

En la casa puede haber una alcoba para nosotros.

Otros abuelos viven en departamentos.

Dormimos en un **sofá-cama**.

¿Cómo es ir a un hotel?

Un **hotel** tiene muchas alcobas.

En cada alcoba duerme una familia o una persona.

Cada alcoba del hotel tiene camas, sillas y un televisor.

También tiene un baño.

¿Qué llevamos para dormir en otra parte?

Llevamos un **saco de noche**.

Ahí ponemos la ropa.

Podemos llevar un juguete o una almohada.

¡No se te olvide el **saco de dormir!**

¿Qué pasa por la mañana?

Primero, nos vestimos.

Después, desayunamos.

Empacamos nuestro **saco de noche.**

Luego nos vamos a casa.

Prueba

¿Qué va en un **saco de noche?**

Busca las respuestas en la página 24.

Glosario en fotos

casa de playa
página 9

saco de noche
páginas 18, 21, 22

cabaña
página 7

saco de dormir
página 19

hotel
páginas 8, 16, 17

sofá-cama
página 15

Nota a padres y maestros

Leer para buscar información es un aspecto importante del desarrollo de la lectoescritura. El aprendizaje empieza con una pregunta. Si usted alienta a los niños a hacerse preguntas sobre el mundo que los rodea, los ayudará a verse como investigadores. Cada capítulo de este libro empieza con una pregunta. Lean la pregunta juntos, miren las fotos y traten de contestar la pregunta. Después, lean y comprueben si sus predicciones son correctas. Piensen en otras preguntas sobre el tema y comenten dónde pueden buscar la respuesta. Ayude a los niños a usar el glosario en fotos y el índice para practicar nuevas destrezas de vocabulario y de investigación.

Índice

Respuestas de la página 22

almohada

pijamas

camisa

24